Inhalt

Familie & Beruf

Kernthesen

Beitrag

Fallbeispiele

Weiterführende Literatur

Impressum

Familie & Beruf

M.Reiner

Kernthesen

- Eine niedrige Geburtenrate und ein damit verbundener Fachkräftemangel werden künftig in deutschen Unternehmen für einen verschärften Wettbewerb um qualifizierte Arbeitskräfte sorgen. (1), (7), (9)
- Die besseren Chancen im Kampf um die Mitarbeiter werden diejenigen Firmen erzielen, die heute schon vorsorgen und mit familienfreundlichen Strukturen zur Motivation und Bindung des Personals an das Unternehmen beitragen. (3), (5), (10)
- Obwohl Betriebe mit einer familienfreundlichen Personalpolitik mehrere 100.000 Euro an Personalosten einsparen können, schneiden 41 Prozent der mittelständischen Unternehmen in punkto

"Familienfreundlichkeit" immer noch sehr schlecht ab. (5), (11)

Beitrag

Circa 26 Prozent der heute 40jährigen Frauen sind kinderlos. Unter den Akademikerinnen sind es sogar 42 Prozent. Grund für die niedrige Geburtenrate ist unter anderem die Tatsache, dass Kinder und Karriere für viele Frauen und Männer schwer vereinbar sind. Für die Zukunft bedeutet dies einen Fachkräftemangel und verschärften Wettbewerb um qualifizierte Arbeitskräfte. Trotz dieser Tatbestände scheuen viele Unternehmen aufgrund vermeintlich hoher Kosten eine familienfreundliche Betriebsstruktur. (1), (5), (9), (11)

Schlechte Bewertung der Familienfreundlichkeit

Bei einer Untersuchung unter mittelständischen Unternehmen hat sich gezeigt, dass in 41 Prozent der befragten Fälle die Familienfreundlichkeit als "schlecht" bewertet wurde. Teilzeitarbeit, ein gutes Instrumentarium für die Vereinbarkeit von Beruf und Familie, wird den Mitarbeitern laut Studie nur von 17

Prozent der Betriebe ermöglicht. In Zukunft planen gerade einmal 10 Prozent der 500 umsatzstärksten Unternehmen, flexiblere Arbeitszeitmodelle anzubieten. (5), (11)

Ein Grund für diese Personalpolitik sind vermeintlich hohe Kosten, die durch aufwendige Strukturen wie Betriebskindergärten oder Arbeitszeitmodelle anfallen. Ein Platz im firmeninternen Betriebskindergarten kostet zwischen 7.800 und 15.600 Euro zuzüglich der Investitionskosten. (2) Dass viele mittelständische Betriebe sich einen solchen Aufwand nicht leisten können, ist verständlich. Langfristig gesehen amortisieren sich die Ausgaben jedoch, wie eine Studie belegt:

Profitieren mit einer familienfreundlichen Personalpolitik

Eine Kosten-Nutzen Rechnung im Auftrag des Familienministeriums für Familie, Senioren, Frauen und Jugend hat ergeben, dass der Aufwand für familienfreundliche Maßnahmen wie Betreuungs-, Beratungs- und Teilzeitmodelle zu Ersparnissen von über 100.000 Euro bzw. zu einem Return on

Investment von 25 Prozent führen kann. Denn Betriebe können so Kosten vermeiden, die durch eine schlechte Vereinbarung von Familie und Beruf entstehen. Gemeint sind hier vor allem Wiedereingliederungs-, Überbrückungs- und Fluktuationskosten. Hinzu kommen Faktoren wie eine gesteigerte Motivation und Bindung an das Unternehmen, welche die Produktivität der Mitarbeiter deutlich erhöhen. (2), (4), (5), (6)

Modelle einer familienfreundlichen Personalstruktur

Unternehmen, die sich keinen Betriebskindergarten leisten können, aber nicht auf eine firmeninterne Betreuung der Kinder verzichten wollen, haben z.B. die Möglichkeit, sich wie der Springer-Verlag mit anderen Firmen zusammen zu schließen und sich die Kosten zu teilen. Der Konzern Bertelsmann wiederum beteiligt sich an zwei Kindertagesstätten, um so den Eltern Betreuungsplätze zu sichern. Wer sich umsieht, kann auch auf die ein oder andere Förderung stoßen, wie sie beispielsweise von der Stadt München für "betriebsnahe Eltern-Kind-Initiativen" angeboten wird. (2)

Solche Tagesstätten haben für die Eltern den Vorteil, dass weite Ablieferwege entfallen und sich die Öffnungszeiten nach den Betriebsbedürfnissen richten. Aber auch Teilzeitmodelle, Jobsharing, Telearbeit, Langzeitarbeitskonten oder "Führungs-Tandems", wie es sie bei der Kreditanstalt für Wiederaufbau in Frankfurt gibt, erleichtern den Eltern Familie und Beruf unter einen Hut zu bekommen. (5)

Manche Firmen zeigen sich erfinderisch und bieten einen vergünstigten Bügelservice oder drei Tage Sonderfreistellung für die Väter an. (1) Die DekaBank vereinfacht ihren Mitarbeitern das Leben mit einem firmenunabhängigen Beratungs- und Vermittlungsdienst, der unterschiedlichen Service wie Tagesmütter, Babysitter, Hausaufgabenbetreuung etc. anbietet. Die Kosten für die Beratung und Vermittlung übernimmt die Bank. (10)

Rolle des "aktiven Familienvaters" gewinnt an Bedeutung

Nicht nur für Frauen spielen solche Netzwerke im Unternehmen eine große Rolle. Immer mehr Männer sehen sich als "aktive Familienväter" und planen, anstelle der Mütter in Elternteilzeit zu gehen. Künftig werden deshalb vor allen Dingen jene Unternehmen profitieren, die sich fortschrittlich zeigen und starre Genderstrukturen durchbrechen. (3), (5), (7)

Fallbeispiele

Dass die Vereinbarkeit von Beruf und Familie auch in Anwaltskanzleien und Unternehmensberatungen eine immer größere Rolle spielt, ergab eine Umfrage der Frankfurter Allgemeinen Zeitung. Durchschnittlich 8 von 10 Punkten gaben die Firmen auf die Frage nach der Wichtigkeit einer familienfreundlichen Unternehmenskultur. (6)

Um ihre Personalpolitik zu Gunsten von Familien zu verbessern, haben Firmen die Möglichkeit, sich vom Audit "Beruf und Familie" beraten zu lassen. In Untersuchungen wird der Status der bereits vorhanden Maßnahmen eruiert und das individuelle Entwicklungspotenzial im Betrieb beurteilt. Kriterien sind z.B. Personalentwicklung, Arbeitsabläufe, -Inhalte und -Zeit, Führungskompetenz und die Informationspolitik im Unternehmen. 75 Betriebe, darunter die Commerzbank und die Techniker

Krankenkasse, haben sich bisher zertifizieren lassen. (1), (4)

Die Aventis Pharma Deutschland GmbH versucht, ihre Fachkräfte durch Hilfen bei der Familienplanung zu unterstützen. Mit flexiblen Arbeitszeiten, Teilzeit- oder Langzeitarbeitskonten, Betreuungsangeboten und einem Familienservice sieht der Konzern eine wertvolle Möglichkeit, die mehrheitlich weiblichen Spitzenkräfte im Unternehmen zu halten und nach der Elternzeit wieder einzugliedern. (5)

Obwohl 20 Prozent der Familienväter moderne Familienstrukturen befürworten, ist es mit ca. 3 Prozent eine Seltenheit, dass sie anstelle ihrer Frauen die Elternzeit für sich beanspruchen. Nicht zuletzt sind es die Arbeitgeber und Betriebsräte, die den Wunsch nach einer aktiven Vaterschaft zunichte machen, indem sie Teilzeitmodelle blockieren oder mit Kündigungen drohen. Eine virtuelle Beratungsstelle unter dem Namen Vater und Beruf hat die Dienstleistungsgewerkschaft Verdi ins Leben gerufen, die Männer bei diesem Vorhaben unterstützen soll. (3), (7)

Mit einem neuen Projekt namens Centers of Balance will das hessische Mutterbüro Familien und Betrieben zu einer ausgewogenen Arbeitsgestaltung verhelfen. Anhand von Elementen, die individuell auf die einzelnen Unternehmen anwendbar sind, nehmen Experten die Betriebe unter die Lupe und analysieren die Bedürfnisse der Eltern. Anschließend werden Möglichkeiten zur Verbesserung erarbeitet und umgesetzt. (8)

Viele Unternehmen scheuen die Schaffung von Telearbeitsplätzen oder einer betrieblichen Kinderbetreuung aufgrund der dadurch entstehenden Kosten. Ein Vergleich hat jedoch ergeben, dass Unternehmer, gemessen an den Kosten durch eine schlechte Vereinbarkeit zwischen Familie und Beruf, mit Work-Life-Balance Maßnahmen über 100.000 Euro sparen können. Ins Gewicht fallen hier vor allem Überbrückungs-, Fluktuations- und Wiedereingliederungskosten. (2), (4), (5)

Halbtags, Ganztags und Ferienangebote liefert der Betriebskindergarten den Unternehmensmitarbeitern der ProSiebenSat.1 Gruppe. Wochentags von 8.30 Uhr bis 18.30 Uhr können Väter und Mütter ihre Kinder dort unterbringen. Durch die den Berufsanforderungen angepassten Öffnungszeiten und den Wegfall langer Wegzeiten ermöglicht der Betrieb seinen Mitarbeitern eine bessere Vereinbarung von Familie und Beruf und sorgt so für eine gute Motivation und Zufriedenheit. Ein anderes Modell hat Bertelsmann für seine Mitarbeiter entwickelt: Das Unternehmen beteiligt sich an zwei

Kindertagesstätten, um die Kosten niedriger zu halten. Auch der Springer-Verlag hat mit mehreren Firmen eine Tagesstätte gegründet, um die Kosten zu teilen. Diese sinken so auf ca. 150 bis 400 Euro pro Platz pro Monat. Die durchschnittlichen Kosten pro Platz beragen normalerweise bei einer Ganztagsbetreuung je nach Alter und Angebot zwischen 7.800 und 15.600 Euro zuzüglich der Investitionskosten. (2)

Zahlreiche Unternehmen informieren über betriebliche Familienkonzepte. Erkundigen kann man sich beispielsweise bei der Beruf & Familie GmbH (www.beruf-und-familie.de) oder bei balancing cosult (www.balancing-consult.de). Weitere Adressen und Anlaufstellen stellt die Zeitschrift werben & verkaufen in der Januarsausgabe unter der Rubrik "Job und Karriere" vor. (2)

Weiterführende Literatur

(1) Familiensinn wird abgeprüft 86 Unternehmen in Österreich haben sich auf Audit-Verfahren eingelassen
aus WirtschaftsBlatt, 08.11.2003, Nr. 1992, S. 128

(2) Kids, Kita und Büro
aus werben & verkaufen Nr. 1-2 vom 09.01.2004 Seite 042

(3) Väter als Gewinn für Unternehmen Wer Zeit für die Kinder hat, ist auch ein zufriedener Mitarbeiter / Tagung plädiert für flexible Arbeitszeit
aus Frankfurter Rundschau v. 27.11.2003, S.15, Ausgabe: S Stadt

(4) UNTERNEHMEN investieren, damit weibliche Angestellte Beruf und Familie vereinbaren können. Familienfreundlich
aus Hamburger Abendblatt, Jg. 56, 15.11.2003, Nr. 267, S. 73

(5) Kinder & Karriere für Papas
aus Frankfurter Allgemeine Sonntagszeitung, 07.12.2003, Nr. 49, S. R1

(6) Das komplizierte Miteinander von Beruf und Familie
aus Frankfurter Allgemeine Zeitung, 24.01.2004, Nr. 20, S. 51

(7) Wenn Teilzeit in Firmen scheitert Verdi untersucht Ursachen von Blockaden bei der Vereinbarkeit von Arbeit und Familie / Gewerkschaft sieht bislang zu wenig Chancen für Männer
aus Frankfurter Rundschau v. 03.01.2004, S.10, Ausgabe: S Stadt

(8) Familienfreundlichkeit lohnt sich vor allem für die Betriebe Das Hessische Mütterbüro in Langen arbeitet weiter mit einem Zentrum für die Balance zwischen Kindern und Beruf

aus Frankfurter Rundschau v. 17.01.2004, S.33, Ausgabe: R Region

(9) Land ohne Lachen
aus Der Spiegel, 05.01.2004, Nr. 2, Seite 38

(10) Bei der DekaBank wird Familienorientierung groß geschrieben Zwischen Bürotasse und Babyflasche
aus Die SparkassenZeitung, 19.12.2003, Nr. 51, S. 10

(11) O. V., Studie über Personal-Management im Mittelstand. Gute Ansätze, aber auch große Defizite, Computerwoche Nr. 1/2 vom 09.01.2004, Seite 44-45
aus Die SparkassenZeitung, 19.12.2003, Nr. 51, S. 10

Impressum

Familie & Beruf

Bibliografische Information der deutschen Nationalbibliothek

Die Deutsche Nationalbibliothek verzeichnet diese Publikation in der deutschen Nationalbibliografie; detaillierte bibliografische Daten sind im Internet über http://dnb.d-nb.de abrufbar.

ISBN: 978-3-7379-0876-4

© 2015 GBI-Genios Deutsche Wirtschaftsdatenbank GmbH, Freischützstraße 96, 81927 München, www.genios.de

Alle Rechte vorbehalten. Dieses Werk ist einschließlich aller seiner Teile – z.B. Texte, Tabellen und Grafiken - urheberrechtlich geschützt. Jede Verwertung außerhalb der Grenzen des Urheberrechtsgesetzes bedarf der vorherigen Zustimmung des Verlags. Dies gilt insbesondere auch für auszugsweise Nachdrucke, fotomechanische Vervielfältigungen (Fotokopie/Mikroskopie), Übersetzungen, Auswertungen durch Datenbanken oder ähnliche Einrichtungen und die Einspeicherung und Verarbeitung in elektronischen Systemen.